Welt der Zahl 2

ISBN 978-3-8377-4942-7

Name:

Klasse:

Ich habe die Übungen erfolgreich bearbeitet am:

Seite		Datum
2	Wiederholung: Addieren	
3	Wiederholung: Subtrahieren	
4	Kreative Aufgaben: Minus-Trauben, Zahlenmauern	
5	Verwandte Aufgaben	
6	Orientierung im Raum	
7	Einer, Zehner, Hunderter	
8	Hunderterkette	
9	Addieren in einem Zehner	
10	Addieren mit Überschreiten	
11	Subtrahieren in einem Zehner	
12	Subtrahieren mit Überschreiten	
13	Übungen zum Addieren und Subtrahieren	
14	Ergänzen beim Addieren	
15	Ergänzen beim Subtrahieren	
16	Rechnen mit Geld, Regelwürmer	
17	Achsensymmetrie	
18	Sachrechnen: Im Sportgeschäft	
19	Tabelle: Sportfest	
20	Multiplizieren	
21	Dividieren	
22	Verdoppeln, Halbieren	
23	Einmaleins mit 10 und 5	
24	Einmaleins mit 3 und 4	
25	Einmaleins mit 2, 3, 4 und 5, Malplus	
26	Verwandte Aufgaben – Malduin	
27	Einmaleins mit 6 und 9	
28	Einmaleins mit 8 und 7	
29	Übungen zum Einmaleins	
30	Addieren mit zweistelligen Zahlen	
31	Subtrahieren mit zweistelligen Zahlen	
32	Sachaufgaben und Aufgaben zur Uhr	

Wiederholung: Addieren

Welche Zahl fehlt?

1. 2 + ___ = 10
2. 4 + ___ = 10
3. 6 + ___ = 10
4. ___ + 7 = 10
5. ___ + 1 = 10
6. ___ + 10 = 10

7. 18 + ___ = 20
8. 15 + ___ = 20
9. 3 + ___ = 20
10. 6 + ___ = 20
11. ___ + 10 = 20
12. ___ + 19 = 20

Lösung	0	1	2	3	4	5	6	8	9	10	14	17
Feld	4	9	10	6	2	11	3	5	7	12	8	1

Rechenstrategien beim Addieren

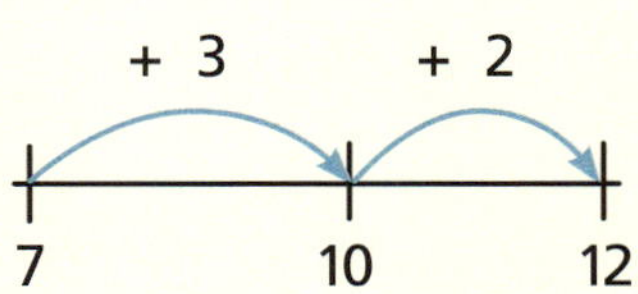

1. 7 + 5 = ___
2. 9 + 5 = ___
3. 6 + 9 = ___
4. 8 + 5 = ___
5. 9 + 8 = ___
6. 4 + 7 = ___

Lösung	11	12	13	14	15	17
Feld	5	2	1	6	3	9

Denke erst an die kleine Schwester! Dann löse die Aufgabe!

7. 12 + 5 = ___
8. 15 + 4 = ___
9. 13 + 3 = ___
10. 11 + 4 = ___
11. 2 + 12 = ___
12. 5 + 13 = ___

Lösung	14	15	16	17	18	19
Feld	8	10	4	11	12	7

Welche Zahl fehlt?

Rund um die 10 — 10

1. 12 – ___ = 10
2. 18 – ___ = 10
3. 17 – ___ = 10
4. ___ – 8 = 10
5. ___ – 5 = 10
6. ___ – 3 = 10

Lösung	2	7	8	13	15	18
Feld	19	21	23	24	16	20

7. 13 – 8 = ___
8. 15 – 7 = ___
9. 11 – 4 = ___
10. 12 – 6 = ___
11. 13 – 9 = ___
12. 11 – 8 = ___

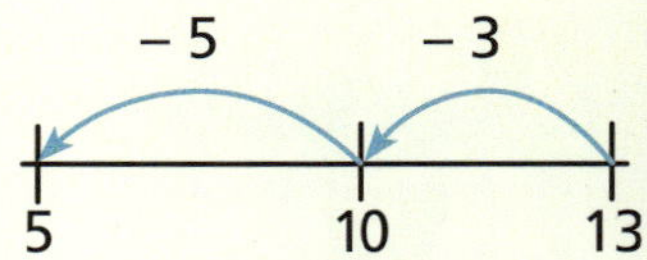

Lösung	3	4	5	6	7	8
Feld	17	13	18	15	22	14

Rechenstrategien beim Subtrahieren

Denke erst an die kleine Schwester! Dann löse die Aufgabe!

1. 16 – 5 = ___
2. 19 – 3 = ___
3. 17 – 4 = ___
4. 19 – 2 = ___
5. 18 – 4 = ___
6. 17 – 2 = ___

Lösung	11	13	14	15	16	17
Feld	23	21	16	20	19	24

Denke an den Tipp für die 9!

7. 16 – 9 = ___
8. 14 – 9 = ___
9. 18 – 9 = ___
10. 11 – 9 = ___
11. 17 – 9 = ___
12. 15 – 9 = ___

Lösung	2	5	6	7	8	9
Feld	15	17	14	13	18	22

Kreative Aufgaben: Minus-Trauben

Lösung	Feld
0	23
1	16
2	19
4	18
5	15
6	21
7	13
9	22
12	17
15	20
18	24
19	14

Kreative Aufgaben: Zahlenmauern

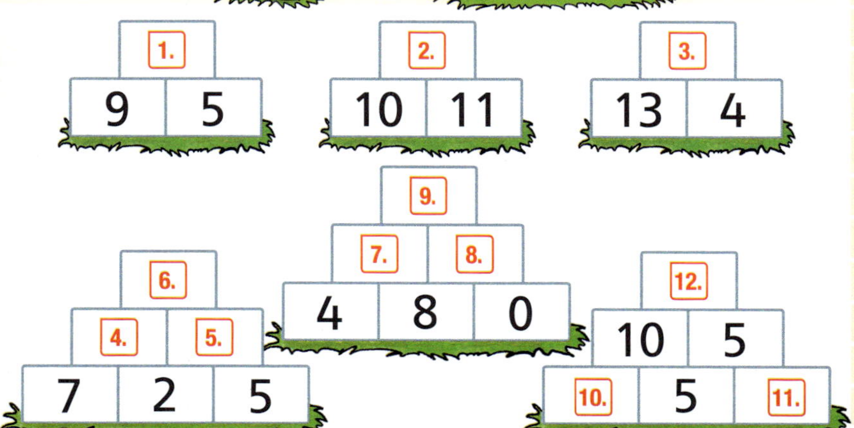

Lösung	Feld
0	4
5	2
7	1
8	3
9	10
12	5
14	9
15	6
16	12
17	8
20	7
21	11

Wie heißt die fehlende Zahl?

Nr.	linkes Auge	rechtes Auge	Schnabel
1.	12	3	
2.	6	7	
3.	2		11
4.		6	10
5.	7	4	
6.		1	15
7.	0		8
8.		6	16
9.		8	11
10.	15		20
11.	12		12
12.	9	9	

Lösung	0	3	4	5	8	9	10	11	13	14	15	18
Feld	20	15	14	22	23	16	19	21	17	18	13	24

Das kannst du auch!

1. 6 + ___ = 12	4. ___ + 4 = 13	7. ___ + 8 = 10	10. 7 + ___ = 15
2. 6 + ___ = 21	5. ___ + 4 = 15	8. ___ + 8 = 15	11. 7 + ___ = 20
3. 6 + ___ = 18	6. ___ + 4 = 20	9. ___ + 8 = 13	12. 7 + ___ = 17

Lösung	2	5	6	7	8	9	10	11	12	13	15	16
Feld	1	10	12	5	4	11	2	3	9	6	8	7

	Was sieht Zahlix?			Was sieht Zahline?		
hinten links:	1.	17	19	2.	20	23
Mitte rechts:	3.	22	13	4.	20	16
vorne links:	5.	15	16	6.	19	24
hinten rechts:	7.	18	21	8.	14	23
Mitte links:	9.	14	21	10.	24	15
vorne rechts:	11.	18	13	12.	22	17

Was siehst du auf dem Schulhof?

1. genau in der Mitte:	2	10	4. vorne rechts:	1	7	7. rechts in der Mitte:	4	3
2. hinten rechts:	12	9	5. links in der Mitte:	8	11	8. vorne links:	7	2
3. vorne in der Mitte:	3	5	6. hinten links:	10	2	9. hinten in der Mitte:	11	6

In welche Richtung musst du gehen, wenn du ...

10. ... zu Zahline gehen möchtest.	nach links	1	nach rechts	12
11. ... zu den Pedalos gehen möchtest.	nach links	7	geradeaus	8
12. ... zu Zahlix gehen möchtest.	geradeaus	12	nach links	4

Wie viele Stifte sind es?

1. 

2. 

3. 

4. 

5. 

6. 

7. 

8. 

9. 

10. 

11. 

12. 

Lösung	4	12	18	24	30	35	37	40	52	61	63	100
Feld	8	1	10	4	7	5	6	3	9	11	12	2

Ordne den Zahlen die Geheimschrift zu!

1. 45	2. 14	3. 100	4. 27	5. 34	6. 72
7. 20	8. 51	9. 41	10. 53	11. 32	12. 23

5

7

10

3

12

4

8

9

11

6

1

2

Hunderterkette

Wo liegen die Stifte?

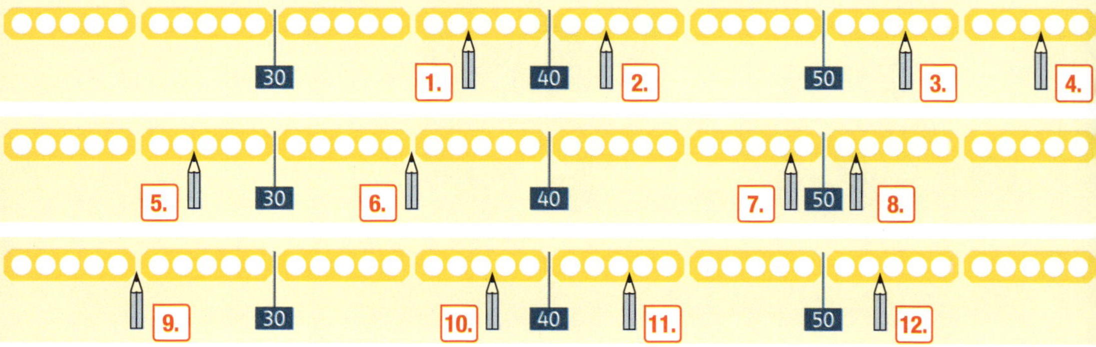

Lösung	25	27	35	37	38	42	43	49	51	52	53	58
Feld	22	16	20	23	15	19	17	14	18	13	21	24

Vorgänger und Nachfolger

Wie heißt der Vorgänger von | **Wie heißt der Nachfolger von**

1. 11
2. 52
3. 90
4. 100
5. 8
6. 49
7. 91
8. 97
9. Vorgänger
10. Vorgänger

ZAHL 55

11. Nachfolger
12. Nachfolger

Lösung	9	10	50	51	53	54	56	57	89	92	98	99
Feld	17	21	19	20	24	18	16	14	23	13	15	22

Größer oder kleiner?

Aufgabe	<	>
1. 23 ? 32	20	18
2. 51 ? 47	19	24
3. 87 ? 79	17	21
4. 0 ? 100	19	22
5. 71 ? 17	15	16
6. 100 ? 99	14	23
7. 99 ? 66	19	18
8. 43 ? 44	14	16
9. 89 ? 91	22	13
10. 53 ? 58	15	20
11. 89 ? 90	13	24
12. 74 ? 47	20	17

Addieren in einem Zehner

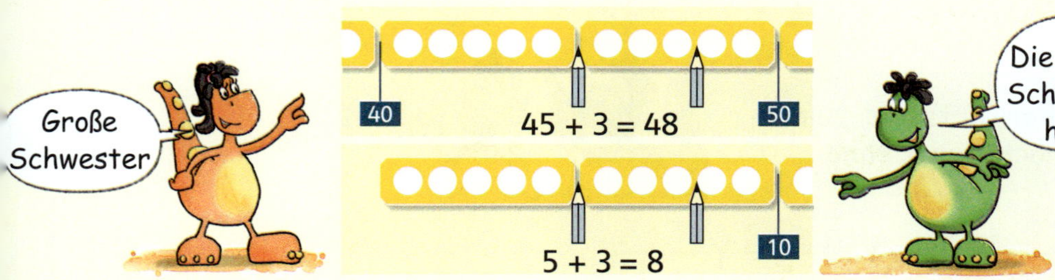

1. 5 + 3 = ____	5. 2 + 4 = ____	9. 4 + 3 = ____
2. 25 + 3 = ____	6. 12 + 4 = ____	10. 44 + 3 = ____
3. 65 + 3 = ____	7. 42 + 4 = ____	11. 64 + 3 = ____
4. 95 + 3 = ____	8. 92 + 4 = ____	12. 94 + 3 = ____

Lösung	6	7	8	16	28	46	47	67	68	96	97	98
Feld	5	12	8	9	10	3	6	2	11	1	4	7

Kennst du noch die Zahlenfreunde?

8

1.	5 + ____ = 8
2.	____ + 2 = 8
3.	____ + 6 = 8
4.	4 + ____ = 8
5.	8 + ____ = 8
6.	____ + 3 = 8

Lösung	Feld
0	9
2	3
3	2
4	1
5	5
6	6

10

7.	8 + ____ = 10
8.	____ + 5 = 10
9.	____ + 6 = 10
10.	3 + ____ = 10
11.	4 + ____ = 10
12.	____ + 0 = 10

Lösung	Feld
2	11
4	4
5	7
6	8
7	10
10	12

Vor zur nächsten Zehnerzahl

1. 87 + ____ = 90	4. 56 + ____ = 60	7. 23 + ____ = ____ 8.
2. 54 + ____ = 60	5. 31 + ____ = 40	9. 89 + ____ = ____ 10.
3. 45 + ____ = 50	6. 92 + ____ = 100	11. 78 + ____ = ____ 12.

Lösung	1	2	3	4	5	6	7	8	9	30	80	90
Feld	24	16	22	21	23	20	13	19	17	15	14	18

Addieren mit Überschreiten

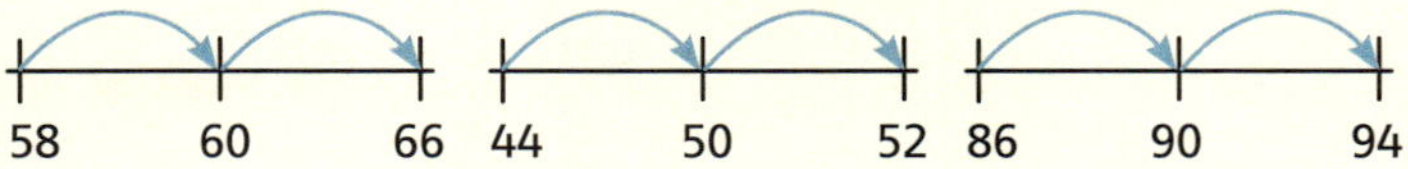

Die Zahlenfreunde zur 8 helfen dir!

1. 58 + 8 = ____
2. 53 + 8 = ____
3. 55 + 8 = ____
4. 59 + 8 = ____
5. 44 + 8 = ____
6. 47 + 8 = ____
7. 49 + 8 = ____
8. 45 + 8 = ____
9. 86 + 8 = ____
10. 83 + 8 = ____
11. 87 + 8 = ____
12. 84 + 8 = ____

1 + 7   7 + 1
2 + 6   6 + 2
3 + 5   5 + 3
4 + 4

Lösung	52	53	55	57	61	63	66	67	91	92	94	95
Feld	5	1	10	3	9	12	7	8	6	4	11	2

Denke beim Rechnen an die Zahlenfreunde!

1. 58 + 5 = ____
2. 55 + 9 = ____
3. 57 + 5 = ____
4. 63 + 9 = ____
5. 68 + 3 = ____
6. 67 + 7 = ____
7. 25 + 6 = ____
8. 29 + 3 = ____
9. 28 + 8 = ____
10. 46 + 6 = ____
11. 42 + 9 = ____
12. 48 + 5 = ____

Lösung	31	32	36	51	52	53	62	63	64	71	72	74
Feld	1	5	9	6	4	2	10	12	8	3	11	7

Denke an die Tauschaufgabe!

1. 5 + 27 = ____
2. 8 + 83 = ____
3. 6 + 47 = ____
4. 9 + 52 = ____
5. 7 + 64 = ____
6. 4 + 89 = ____
7. 5 + 46 = ____
8. 2 + 79 = ____
9. 8 + 64 = ____
10. 4 + 58 = ____
11. 9 + 76 = ____
12. 7 + 28 = ____

Lösung	32	35	51	53	61	62	71	72	81	85	91	93
Feld	11	2	1	4	12	9	10	3	5	6	7	8

Subtrahieren in einem Zehner

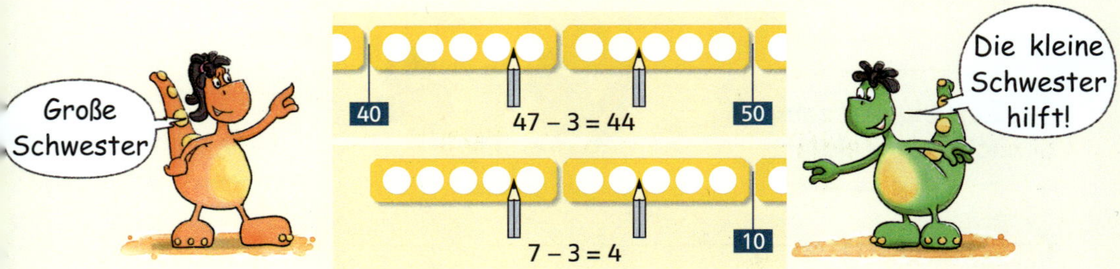

Denke erst an die kleine Schwester! Dann rechne die Aufgabe!

1. 47 – 3 = ___	5. 87 – 4 = ___	9. 48 – 5 = ___
2. 38 – 5 = ___	6. 24 – 2 = ___	10. 94 – 1 = ___
3. 67 – 5 = ___	7. 29 – 6 = ___	11. 68 – 7 = ___
4. 39 – 7 = ___	8. 56 – 3 = ___	12. 53 – 2 = ___

Lösung	22	23	32	33	43	44	51	53	61	62	83	93
Feld	24	18	20	23	21	19	17	14	13	22	15	16

Zurück zur Zehnerzahl

1. 31 – ___ = 30	4. 45 – ___ = 40	7. 23 – ___ = ___ 8.
2. 54 – ___ = 50	5. 87 – ___ = 80	9. 89 – ___ = ___ 10.
3. 56 – ___ = 50	6. 92 – ___ = 90	11. 78 – ___ = ___ 12.

Lösung	1	2	3	4	5	6	7	8	9	20	70	80
Feld	17	16	21	15	18	14	19	24	13	23	22	20

Zurück von der Zehnerzahl

1. 50 – 8 = ___	4. 40 – 9 = ___	7. 60 – 4 = ___	10. 30 – 1 = ___
2. 40 – 3 = ___	5. 80 – 2 = ___	8. 30 – 9 = ___	11. 40 – 2 = ___
3. 90 – 5 = ___	6. 50 – 6 = ___	9. 20 – 6 = ___	12. 80 – 5 = ___

Lösung	14	21	29	31	37	38	42	44	56	75	78	85
Feld	10	5	4	11	8	6	12	7	1	2	3	9

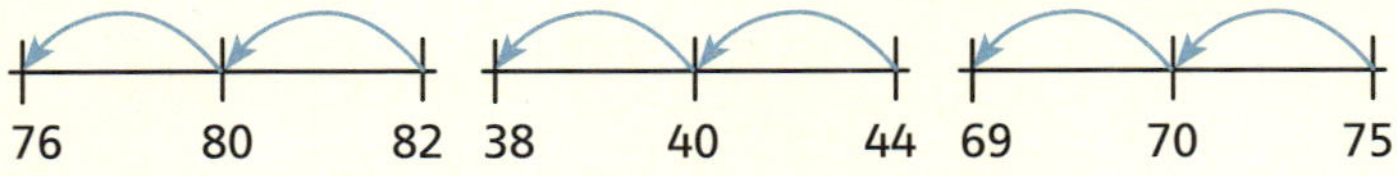

Die Zahlenfreunde zur 6 helfen dir!

1. 82 – 6 = ___	5. 44 – 6 = ___	9. 75 – 6 = ___
2. 85 – 6 = ___	6. 42 – 6 = ___	10. 73 – 6 = ___
3. 84 – 6 = ___	7. 41 – 6 = ___	11. 71 – 6 = ___
4. 81 – 6 = ___	8. 45 – 6 = ___	12. 74 – 6 = ___

6

1 + 5   5 + 1
2 + 4   4 + 2
3 + 3

Lösung	35	36	38	39	65	67	68	69	75	76	78	79
Feld	8	2	10	12	11	9	7	3	6	5	4	1

Denke beim Rechnen an die Zahlenfreunde!

1. 53 – 5 = ___	4. 46 – 7 = ___	7. 35 – 7 = ___	10. 61 – 6 = ___
2. 55 – 9 = ___	5. 43 – 9 = ___	8. 32 – 3 = ___	11. 64 – 8 = ___
3. 51 – 8 = ___	6. 45 – 8 = ___	9. 34 – 8 = ___	12. 62 – 5 = ___

Lösung	26	28	29	34	37	39	43	46	48	55	56	57
Feld	23	15	13	17	22	20	24	21	19	18	14	16

1. 62 – 7 = ___	4. 18 – 9 = ___	7. 31 – 7 = ___	10. 53 – 6 = ___
2. 24 – 6 = ___	5. 33 – 6 = ___	8. 64 – 8 = ___	11. 77 – 9 = ___
3. 55 – 9 = ___	6. 45 – 8 = ___	9. 92 – 3 = ___	12. 82 – 4 = ___

Lösung	9	18	24	27	37	46	47	55	56	68	78	89
Feld	19	24	18	16	23	21	15	20	14	13	17	22

Übungen zum Addieren und Subtrahieren

Rechne die Minus-Aufgabe.

Dann finde die Plus-Aufgabe mit dem gleichen Ergebnis!

1. 42 – 8 = ___
2. 86 – 5 = ___
3. 72 – 7 = ___
4. 100 – 6 = ___
5. 55 – 7 = ___
6. 47 – 5 = ___
7. 53 – 8 = ___
8. 81 – 7 = ___
9. 97 – 6 = ___
10. 70 – 8 = ___
11. 94 – 5 = ___
12. 61 – 6 = ___

Lösung	Feld
26 + 8	23
37 + 5	22
37 + 8	16
41 + 7	14
49 + 6	15
54 + 8	13
58 + 7	20
67 + 7	18
76 + 5	21
84 + 5	17
85 + 6	19
88 + 6	24

Noch mehr Übungen

1. 42 – 5 = ___
2. 19 + 7 = ___
3. 85 – 8 = ___
4. 57 + 6 = ___
5. 68 + 4 = ___
6. 46 – 8 = ___
7. 26 + 7 = ___
8. 75 + 8 = ___
9. 50 – 8 = ___
10. 14 – 5 = ___
11. 66 + 8 = ___
12. 52 – 7 = ___

Lösung	9	26	33	37	38	42	45	63	72	74	77	83
Feld	15	23	17	19	24	22	18	20	16	14	21	13

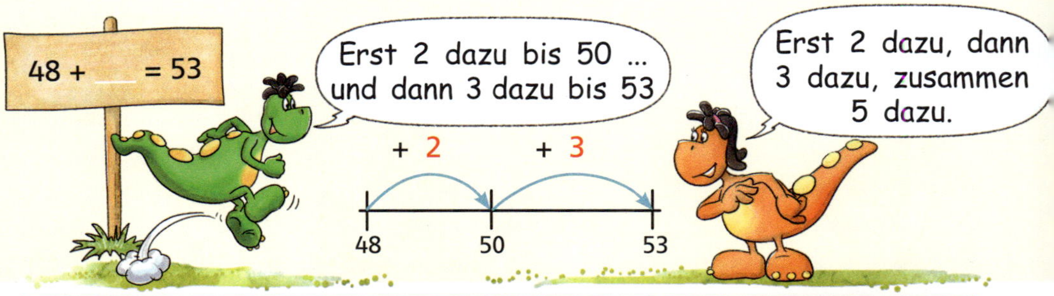

Welche Zahl fehlt?

1. 48 + ___ = 53	4. 56 + ___ = 65	7. 47 + ___ = 52	10. 55 + ___ = 64
2. 45 + ___ = 53	5. 67 + ___ = 71	8. 47 + ___ = 54	11. 57 + ___ = 61
3. 59 + ___ = 66	6. 69 + ___ = 75	9. 58 + ___ = 64	12. 68 + ___ = 71

Lösung	4	5	6	7	8	9	**Lösung**	3	4	5	6	7	9
Feld	19	17	16	14	15	18	**Feld**	22	24	21	13	23	20

Zahlenmauern

Welche Zahlen fehlen?

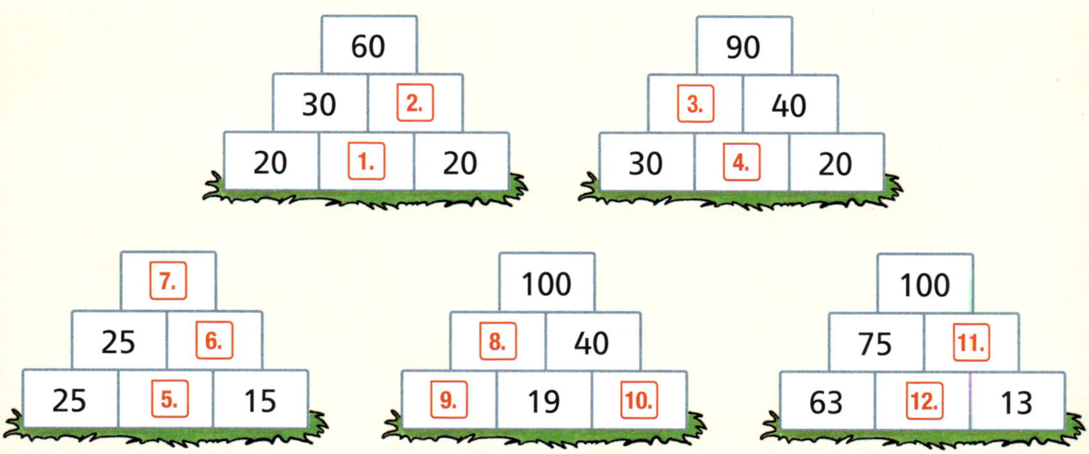

Lösung	0	10	12	15	20	21	25	30	40	41	50	60
Feld	17	21	14	19	22	18	16	20	13	24	23	15

Welche Zahl fehlt?

1. 88 – ___ = 79	4. 74 – ___ = 66	7. 83 – ___ = 79	10. 74 – ___ = 69
2. 85 – ___ = 78	5. 82 – ___ = 77	8. 83 – ___ = 76	11. 94 – ___ = 88
3. 72 – ___ = 66	6. 91 – ___ = 88	9. 72 – ___ = 69	12. 77 – ___ = 68

Lösung	3	5	6	7	8	9
Feld	9	5	11	10	7	8

Lösung	3	4	5	6	7	9
Feld	12	3	6	2	1	4

Minus-Trauben

Welche Zahlen fehlen?

Lösung	Feld
4	9
6	10
7	8
10	2
45	11
46	5
47	1
64	6
74	7
84	4
85	12
100	3

Wie viel € kostet es zusammen?

Wie viel € bekommt jedes Kind zurück?

1. Zusammen: ____ €
2. Zurück: ____ €

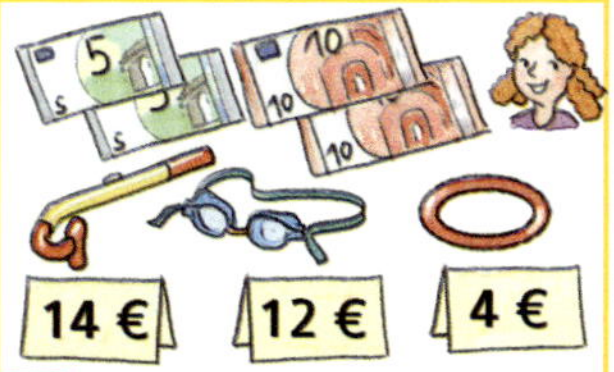

3. Zusammen: ____ €
4. Zurück: ____ €

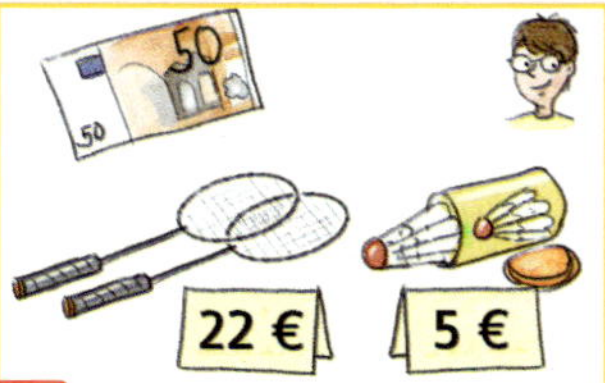

5. Zusammen: ____ €
6. Zurück: ____ €

7. Zusammen: ____ €
8. Zurück: ____ €

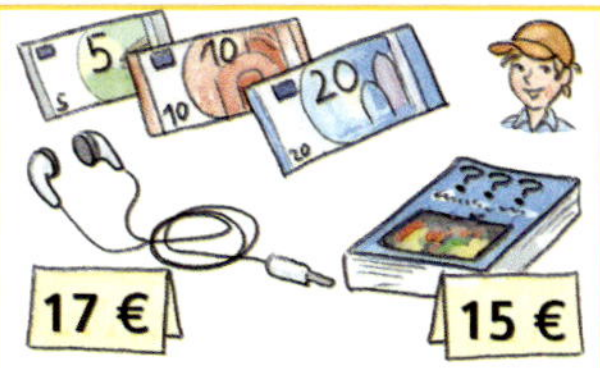

9. Zusammen: ____ €
10. Zurück: ____ €

11. Zusammen: ____ €
12. Zurück: ____ €

Lösung	0 €	3 €	5 €	23 €	27 €	30 €	31 €	32 €	35 €	48 €	52 €	69 €
Feld	24	15	19	20	16	21	14	22	23	17	13	18

Welche Zahlen fehlen?

Lösung	22	29	35	43	53	54	63	64	66
Feld	19	22	20	17	23	24	15	21	13

Welche Regel gehört zu welchem Regelwurm?

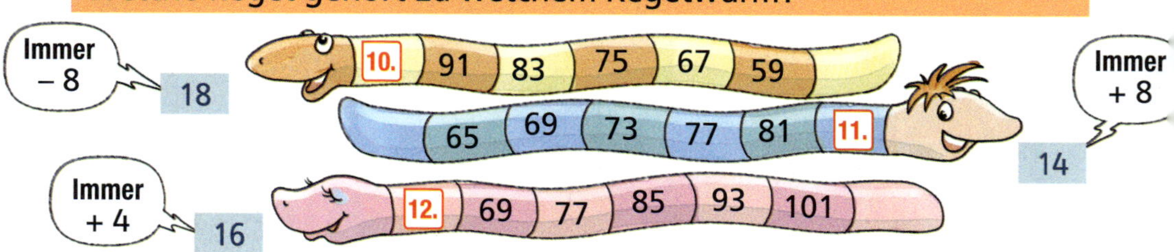

Ist die Figur achsensymmetrisch?

1.

ja 12 nein 5

2.

ja 8 nein 10

3.

ja 7 nein 9

4.

ja 11 nein 9

5.

ja 6 nein 4

6.

ja 7 nein 1

Ist die Spiegelachse richtig eingezeichnet?

7.

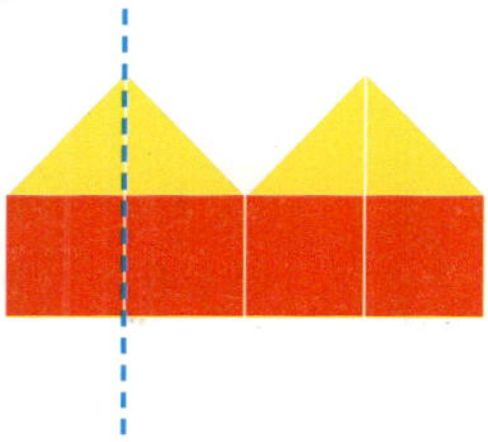

ja 9 nein 2

8.

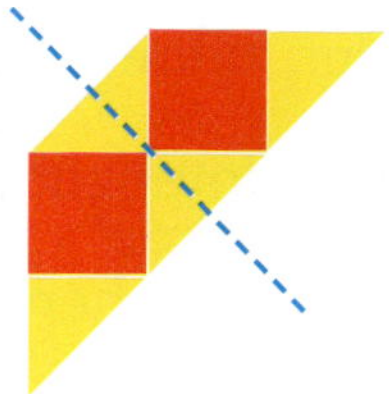

ja 6 nein 3

9.

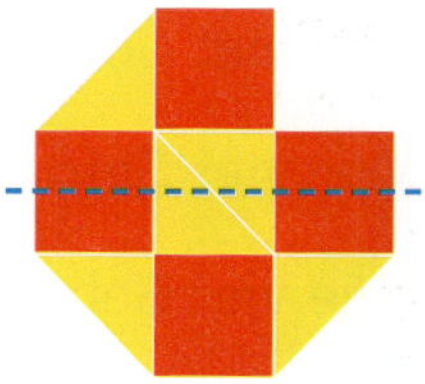

ja 7 nein 10

Wie viele Spiegelachsen hat die Zahl?

10. 8

11. 3

12. 6

Lösung	0	1	2
Feld	1	5	3

Kannst du die Frage beantworten ohne zu rechnen?

1.	Wie alt ist das Mädchen?	ja	7	nein	5
2.	Wie viel Geld kosten die Sportschuhe?	ja	1	nein	3
3.	Wie viel Geld bekommt der Vater zurück?	ja	10	nein	4
4.	Wie viel Geld hat der Junge in der Hand?	ja	6	nein	2

Nun musst du rechnen!

5. Wie viel Geld muss der Vater bezahlen?
6. Wie viel Geld bekommt der Junge zurück?
7. Wie viel Geld bekommt der Vater zurück?
8. Wie viel Geld bekommt das Mädchen zurück?
9. Wie viel Geld müssen alle zusammen bezahlen?

Lösung	Feld
2 €	12
6 €	2
9 €	8
41 €	10
63 €	3

Ist die Information wichtig zum Rechnen?

10.	Welche Farbe haben die Sportschuhe?	ja	5	nein	9
11.	Wie viel Geld hat jeder?	ja	11	nein	4
12.	Wie viel Geld kostet jedes Teil?	ja	7	nein	9

Sportfest in der Waldschule

Klasse	Goldurkunde	Silberurkunde	Bronzeurkunde	Nicht teilgenommen
1	4	11	9	0
2	5	8	10	1
3	3	13	7	2
4	4	16	4	0

1. Welche Klasse hat die meisten Goldurkunden gewonnen?

Lösung	1	2	3	4
Feld	4	6	2	5

2. Welche Klasse hat die meisten Silberurkunden gewonnen?

Lösung	1	2	3	4
Feld	3	7	5	4

3. Welche Klasse hat die meisten Bronzeurkunden gewonnen?

Lösung	1	2	3	4
Feld	9	1	6	2

4. Wie viele Kinder der Schule haben nicht teilgenommen?

Lösung	1	2	3	4
Feld	11	3	5	7

5. In welche Klasse gehen die meisten Schüler?

Lösung	1	2	3	4
Feld	10	4	7	12

6. Welche Urkunde wurde am häufigsten verliehen?

Lösung	Gold	Silber	Bronze
Feld	2	3	9

7. Wie viele Goldurkunden wurden verliehen?

Lösung	14	15	16	17
Feld	12	2	9	8

8. Welche Klasse hat weniger Silber- als Bronzeurkunden erhalten?

Lösung	1	2	3	4
Feld	5	11	3	7

9. In welcher Klasse haben die meisten Kinder nicht teilgenommen?

Lösung	1	2	3	4
Feld	12	9	2	8

10. Welche Klasse erhielt 2 Silberurkunden mehr als Bronzeurkunden?

Lösung	1	2	3	4
Feld	8	7	2	6

11. Wie viele Kinder gehen in die 1. Klasse?

Lösung	23	24	25	26
Feld	4	12	9	11

12. Welche Klasse hat die meisten Gold- und Silberurkunden gewonnen?

Lösung	1	2	3	4
Feld	3	5	1	10

Multiplizieren

Finde zu jeder Mal-Aufgabe die Tauschaufgabe und das Ergebnis.

1. Tauschaufgabe
2. Ergebnis

3. Tauschaufgabe
4. Ergebnis

5. Tauschaufgabe
6. Ergebnis

7. Tauschaufgabe
8. Ergebnis

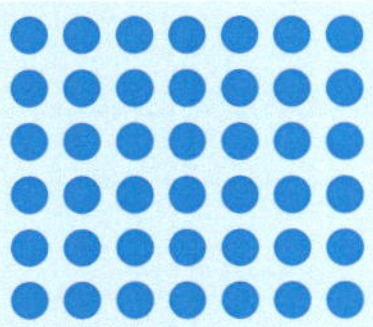

9. Tauschaufgabe
10. Ergebnis

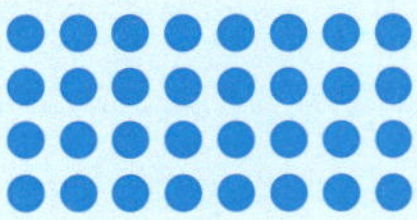

11. Tauschaufgabe
12. Ergebnis

Lösung	4 · 5	5 · 3	6 · 4	7 · 5	7 · 6	8 · 4	15	20	24	32	35	42
Feld	15	24	19	17	23	14	20	13	21	16	22	18

Aufgaben mit der Null

1. 6 – 6 = ______

Lösung	0	1	6
Feld	11	12	9

2. 6 – 0 = ______

Lösung	0	1	6
Feld	8	6	7

3. 6 · 0 = ______

Lösung	0	1	6
Feld	4	11	3

4. 0 · 4 = ______

Lösung	0	1	4
Feld	12	11	10

5. 4 – 4 = ______

Lösung	0	1	4
Feld	10	6	7

6. 4 + 0 = ______

Lösung	0	1	4
Feld	3	9	8

7. 6 + 0 = ______

Lösung	0	1	6
Feld	6	2	1

8. 6 · 0 = ______

Lösung	0	1	6
Feld	5	4	2

9. 6 – 0 = ______

Lösung	0	1	6
Feld	7	10	3

10. 0 · 8 = ______

Lösung	0	1	8
Feld	9	3	5

11. 0 + 8 = ______

Lösung	0	1	8
Feld	4	5	6

12. 0 : 8 = ______

Lösung	0	1	8
Feld	2	1	8

Es sind 12 Kinder. Durch-Aufgabe 12 : 3 Es sind 4 Gruppen.

Es sind 12 Kinder. Immer zwei in einer Gruppe.	**1.** Durch-Aufgabe ______ **2.** Es sind _____ Gruppen.
Es sind 12 Kinder. Immer drei in einer Gruppe.	**3.** Durch-Aufgabe ______ **4.** Es sind _____ Gruppen.
Es sind 12 Kinder. Immer sechs in einer Gruppe.	**5.** Durch-Aufgabe ______ **6.** Es sind _____ Gruppen.
Es sind 14 Kinder. Immer zwei in einer Gruppe.	**7.** Durch-Aufgabe ______ **8.** Es sind _____ Gruppen.
Es sind 15 Kinder. Immer drei in einer Gruppe.	**9.** Durch-Aufgabe ______ **10.** Es sind _____ Gruppen.
Es sind 15 Kinder. Immer fünf in einer Gruppe.	**11.** Durch-Aufgabe ______ **12.** Es sind _____ Gruppen.

Lösung	12 : 2	12 : 3	12 : 6	14 : 2	15 : 3	15 : 5	2	3	4	5	6	7
Feld	7	12	5	3	11	2	10	4	8	6	9	1

Verteilen

1. Durch-Aufgabe ______

2. ___ Äpfel auf jedem Teller.

3. Durch-Aufgabe ______

4. ___ Bananen auf jedem Teller.

5. Durch-Aufgabe ______

6. ___ Nüsse auf jedem Teller.

15 Äpfel, 5 Teller	16 Bananen, 8 Teller	18 Nüsse, 2 Teller

7. Durch-Aufgabe ______

8. ___ Äpfel auf jedem Teller.

9. Durch-Aufgabe ______

10. ___ Bananen auf jedem Teller.

11. Durch-Aufgabe ______

12. ___ Nüsse auf jedem Teller.

Lösung	15 : 3	15 : 5	16 : 4	16 : 8	18 : 2	18 : 3	2	3	4	5	6	9
Feld	12	1	10	9	6	3	4	5	11	8	7	2

Verdoppeln

Das **Doppelte** von 4 ist 8.
$2 \cdot 4 = 8$

Finde die Mal-Aufgabe und das Ergebnis.

1. **Mal-Aufgabe** ______
2. **Ergebnis** ______

3. **Mal-Aufgabe** ______
4. **Ergebnis** ______

5. **Mal-Aufgabe** ______
6. **Ergebnis** ______

7. **Mal-Aufgabe** ______
8. **Ergebnis** ______

9. **Mal-Aufgabe** ______
10. **Ergebnis** ______

11. **Mal-Aufgabe** ______
12. **Ergebnis** ______

Lösung	$2 \cdot 1$	$2 \cdot 2$	$2 \cdot 3$	$2 \cdot 4$	$2 \cdot 5$	$2 \cdot 6$	2	4	6	8	10	12
Feld	4	10	9	2	5	12	7	3	11	6	1	8

Halbieren

Die **Hälfte** von 6 ist 3.
$6 : 2 = 3$

Finde die Durch-Aufgabe und das Ergebnis.

1. **Durch-Aufgabe** ______
2. **Ergebnis** ______

3. **Durch-Aufgabe** ______
4. **Ergebnis** ______

5. **Durch-Aufgabe** ______
6. **Ergebnis** ______

7. **Durch-Aufgabe** ______
8. **Ergebnis** ______

9. **Durch-Aufgabe** ______
10. **Ergebnis** ______

11. **Durch-Aufgabe** ______
12. **Ergebnis** ______

Lösung	4 : 2	8 : 2	10 : 2	12 : 2	14 : 2	16 : 2	2	4	5	6	7	8
Feld	7	10	1	8	5	4	9	12	11	2	3	6

Einmaleins mit 10 und mit 5

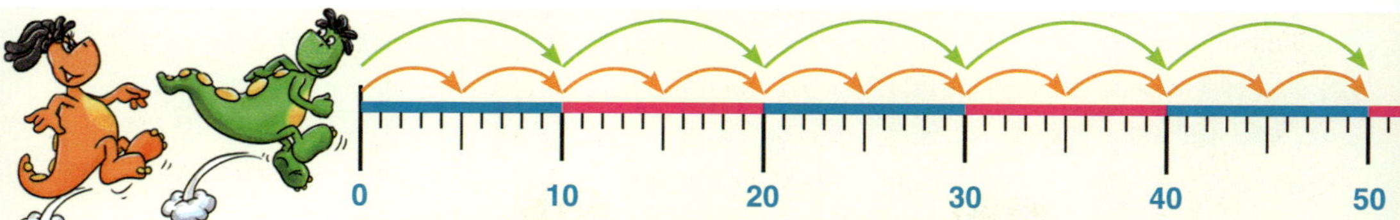

Zahlix macht Zehner-Sprünge, Zahline macht Fünfer-Sprünge.

Bei welcher Zahl landet Zahlix?

Zahline möchte zur selben Zahl. Wie viele Sprünge macht sie?

1. 2 · 10 = ____
2. ____ · 5
3. 5 · 10 = ____
4. ____ · 5
5. ____ · 10 = 10
6. ____ · 5
7. 4 · 10 = ____
8. ____ · 5
9. 3 · 10 = ____
10. ____ · 5
11. 6 · 10 = ____
12. ____ · 5

Lösung	1	2	4	6	8	10	12	20	30	40	50	60
Feld	19	16	15	20	23	18	22	17	13	21	14	24

Durchaufgaben mit 10 und 5

1. 20 : 10 = ____ (20)
2. 20 : 5 = ____
3. 50 : 10 = ____ (50)
4. 50 : 5 = ____
5. 30 : 10 = ____ (30)
6. 30 : 5 = ____
7. 40 : 10 = ____ (40)
8. 40 : 5 = ____
9. 10 : 10 = ____ (10)
10. 10 : 5 = ____
11. 100 : 10 = ____ (100)
12. 100 : 5 = ____

Lösung	1	2	3	4	5	10	2	4	6	8	10	20
Feld	19	23	14	16	20	17	13	21	22	18	24	15

Gemischte Aufgaben

1. 2 · 10 = ___
2. 6 · 10 = ___
3. 5 · 10 = ___
4. 7 · 10 = ___
5. 9 · 10 = ___
6. 8 · 10 = ___
7. 3 · 5 = ___
8. 9 · 5 = ___
9. 1 · 5 = ___
10. 2 · 5 = ___
11. 5 · 5 = ___
12. 7 · 5 = ___

Lösung	5	10	15	20	25	35	45	50	60	70	80	90
Feld	22	15	13	23	18	14	17	21	19	24	20	16

Einmaleins mit 3

Ergänze die fehlenden Zahlen!

		1.	2.	3.	4.	5.	6.
Kinder	1		5		7	8	
Tücher	3	9		18			30

7. 15 = ___ · 3	8. 24 = ___ · 3	9. 3 = ___ · 3
10. 21 = ___ · 3	11. 27 = ___ · 3	12. 0 = ___ · 3

Lösung	0	1	3	5	6	7	8	9	10	15	21	24
Feld	9	1	5	10	2	8	11	12	4	3	6	7

Einmaleins mit 4

Ergänze die fehlenden Zahlen!

		1.	2.	3.	4.	5.	6.
Bretter	1		4		6	8	10
Rollen	4	12		20			

7. 16 = ___ · 4	8. 24 = ___ · 4	9. 32 = ___ · 4
10. 0 = ___ · 4	11. 28 = ___ · 4	12. 36 = ___ · 4

Lösung	0	3	4	5	6	7	8	9	16	24	32	40
Feld	8	6	3	1	11	12	2	4	9	5	7	10

Gemischte Aufgaben

1. 5 · 3 = ___	4. 9 : 3 = ___	7. 5 · 4 = ___	10. 8 : 4 = ___
2. 6 · 3 = ___	5. 24 : 3 = ___	8. 6 · 4 = ___	11. 24 : 4 = ___
3. 9 · 3 = ___	6. 0 : 3 = ___	9. 8 · 4 = ___	12. 4 : 4 = ___

Lösung	0	1	2	3	6	8	15	18	20	24	27	32
Feld	2	7	9	6	11	10	5	1	8	12	4	3

Einmaleins mit 2, 3, 4 und 5

	·2	·3	·7.	·5
4	1.	4.	16	10.
7	2.	5.	8.	11.
9	3.	6.	9.	12.

Lösung	4	8	12	14	18	20	21	27	28	35	36	45
Feld	18	20	19	24	21	15	16	23	14	13	22	17

Kreative Aufgaben: Malplus

·5	
4	20
6	30
10	50

·5	
2	1.
5	2.
7	3.

·3	
3	4.
7	5.
10	6.

·4	
5	7.
3	8.
8	9.

·4	
10.	20
11.	12
12.	32

Lösung	3	5	8	9	10	12	20	21	25	30	32	35
Feld	16	14	18	22	21	15	17	13	23	24	19	20

Plus, minus, mal, durch

1. 2 · 4 + 3 = __	5. 10 · 10 – 1 = __	9. 18 : 2 + 3 = __
2. 10 · 5 – 3 = __	6. 7 · 5 + 8 = __	10. 45 : 5 – 1 = __
3. 6 · 3 + 5 = __	7. 24 : 4 – 6 = __	11. 21 : 3 + 6 = __
4. 8 · 2 – 9 = __	8. 90 : 10 + 6 = __	12. 44 : 4 – 1 = __

Lösung	0	7	8	10	11	12	13	15	23	43	47	99
Feld	14	24	16	13	23	21	17	18	22	20	19	15

Drei Zahlen im Kopf,
vier Aufgaben im Bauch,
zwei Mal-Aufgaben,
zwei Durch-Aufgaben

Wie heißt die Zahl im Mund?

1.

2.

3.

4.

5.

6.

Lösung	10	15	16	24	40	70
Feld	12	8	1	11	9	10

Wie heißt die Zahl im Ohr?

7.

8.

9.

10.

11.

12.

Lösung	3	4	5	8	9	10
Feld	4	5	6	3	2	7

Einmaleins mit 6

Ergänze die fehlenden Zahlen!

		1.	2.	3.	4.	5.	6.
Pedalos	1	2		5	7		10
Räder	6		24			54	

7. 12 = ____ · 6
8. 30 = ____ · 6
9. 6 = ____ · 6
10. 36 = ____ · 6
11. 48 = ____ · 6
12. 60 = ____ · 6

Lösung	1	2	4	5	6	8	9	10	12	30	42	60
Feld	21	14	19	18	16	17	15	13	23	22	24	20

Einmaleins mit 9

Ergänze die fehlenden Zahlen!

		1.	2.	3.	4.	5.	6.
Bahnen	1		3	5			
Kegel	9	18			54	72	90

7. 45 = ____ · 9
8. 63 = ____ · 9
9. 27 = ____ · 9
10. 0 = ____ · 9
11. 81 = ____ · 9
12. 36 = ____ · 9

Lösung	0	2	3	4	5	6	7	8	9	10	27	45
Feld	14	24	20	16	15	23	17	13	18	21	22	19

Gemischte Übungen

1. 5 · 6 = ____
2. 4 · 6 = ____
3. 6 · 6 = ____
4. 6 : 6 = ____
5. 18 : 6 = ____
6. 54 : 6 = ____
7. 5 · 9 = ____
8. 6 · 9 = ____
9. 8 · 9 = ____
10. 36 : 9 = ____
11. 18 : 9 = ____
12. 54 : 9 = ____

Lösung	1	2	3	4	6	9	24	30	36	45	54	72
Feld	18	24	19	20	22	16	15	17	14	21	23	13

Einmaleins mit 8

Ergänze die fehlenden Zahlen!

		1.	2.	3.	4.	5.	6.
Paare	1		4	5		8	10
Räder	8	16			56		

7. 8 = ______ · 8	8. 40 = ______ · 8	9. 72 = ______ · 8
10. 80 = ______ · 8	11. 48 = ______ · 8	12. 64 = ______ · 8

Lösung	1	2	5	6	7	8	9	10	32	40	64	80
Feld	5	7	1	2	8	6	3	9	11	4	10	12

Einmaleins mit 7

Ergänze die fehlenden Zahlen!

		1.	2.	3.	4.	5.	6.
Wochen	1			7		10	
Tage	7	21	35		63		77

7. 14 = ______ · 7	8. 28 = ______ · 7	9. 42 = ______ · 7
10. 0 = ______ · 7	11. 49 = ______ · 7	12. 56 = ______ · 7

Lösung	0	2	3	4	5	6	7	8	9	11	49	70
Feld	4	5	8	1	12	9	2	6	7	11	10	3

Gemischte Aufgaben

1. 5 · 8 = ___	4. 32 : 8 = ___	7. 5 · 7 = ___	10. 42 : 7 = ___
2. 9 · 8 = ___	5. 24 : 8 = ___	8. 9 · 7 = ___	11. 63 : 7 = ___
3. 8 · 8 = ___	6. 56 : 8 = ___	9. 7 · 7 = ___	12. 56 : 7 = ___

Lösung	3	4	6	7	8	9	35	40	49	63	64	72
Feld	1	9	2	11	6	4	5	10	8	3	7	12

Welche Zahl ist es?

1. Sie gehört zur Neuner-Reihe und liegt zwischen 60 und 70.
2. Sie gehört zur Achter-Reihe und liegt zwischen 25 und 35.
3. Sie ist eine Quadratzahl und hat an einer Stelle eine 3.
4. Sie ist eine Quadratzahl und liegt zwischen 40 und 50.
5. Sie ist das Doppelte von 7.
6. Sie ist die Hälfte von 40.

Lösung	14	20	32	36	49	63
Feld	14	22	21	20	24	23

Hier fehlt eine Zahl im Kopf. Findest du sie?

7.

8.

9.

10.

11.

12.

Lösung	6	7	8	9	15	28
Feld	17	15	19	13	16	18

Plus, minus, mal, durch

1. $4 \cdot 9 + 6 =$ ___	4. $3 \cdot 6 + 11 =$ ___	7. $81 : 9 + 22 =$ ___	10. $72 : 8 - 5 =$ ___
2. $7 \cdot 8 - 9 =$ ___	5. $7 \cdot 4 - 16 =$ ___	8. $27 : 3 - 9 =$ ___	11. $18 : 2 + 45 =$ ___
3. $5 \cdot 3 + 15 =$ ___	6. $9 \cdot 2 + 32 =$ ___	9. $56 : 7 + 8 =$ ___	12. $42 : 6 + 28 =$ ___

Lösung	0	4	12	16	29	30	31	35	42	47	50	54
Feld	17	15	16	22	24	21	13	14	23	19	20	18

Addieren mit zweistelligen Zahlen

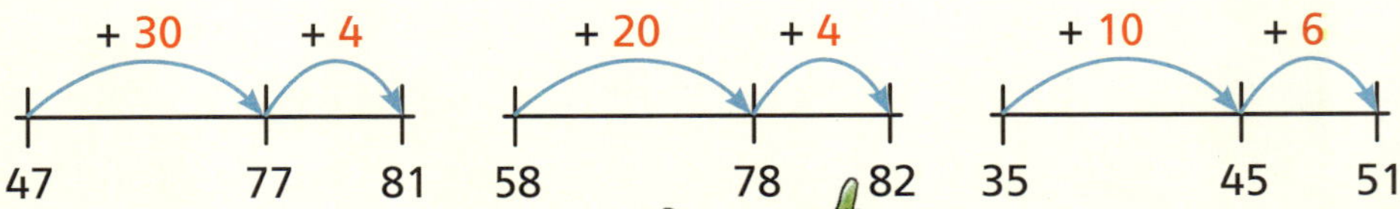

1. 47 + 34 = ____	5. 58 + 24 = ____	9. 35 + 16 = ____
2. 47 + 27 = ____	6. 58 + 37 = ____	10. 35 + 48 = ____
3. 47 + 45 = ____	7. 58 + 15 = ____	11. 35 + 37 = ____
4. 47 + 39 = ____	8. 58 + 29 = ____	12. 35 + 29 = ____

Lösung	51	64	72	73	74	81	82	83	86	87	92	95
Feld	2	4	12	3	9	6	7	8	5	11	1	10

10

Schau auf die Einer. Die Zehnerfreunde helfen.

1. 27 + 63 = ___	4. 32 + 28 = ___	7. 43 + 27 = ___	10. 25 + 15 = ___
2. 65 + 15 = ___	5. 29 + 41 = ___	8. 19 + 11 = ___	11. 76 + 24 = ___
3. 16 + 24 = ___	6. 14 + 16 = ___	9. 62 + 28 = ___	12. 31 + 19 = ___

Lösung	30	40	60	70	80	90
Feld	4	2	6	7	3	5

Lösung	30	40	50	70	90	100
Feld	11	8	9	10	1	12

1. 35 + 38 = ___	4. 34 + 27 = ___	7. 28 + 52 = ___	10. 35 + 59 = ___
2. 59 + 39 = ___	5. 35 + 25 = ___	8. 73 + 28 = ___	11. 52 + 18 = ___
3. 47 + 34 = ___	6. 58 + 24 = ___	9. 47 + 49 = ___	12. 77 + 25 = ___

Lösung	60	61	70	73	80	81	82	94	96	98	101	102
Feld	7	5	12	6	9	1	3	8	2	4	11	10

Subtrahieren mit zweistelligen Zahlen

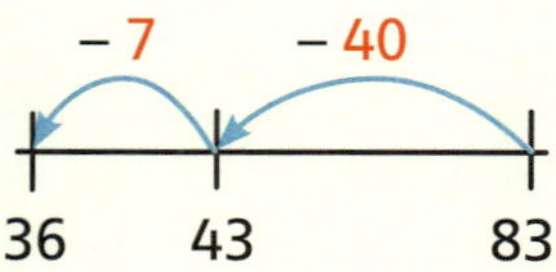

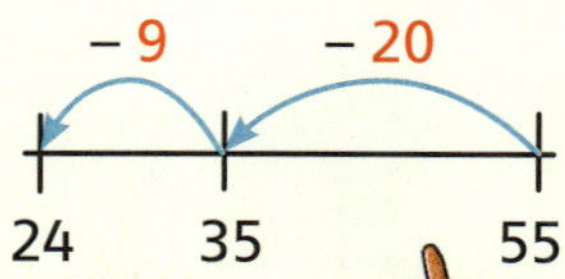

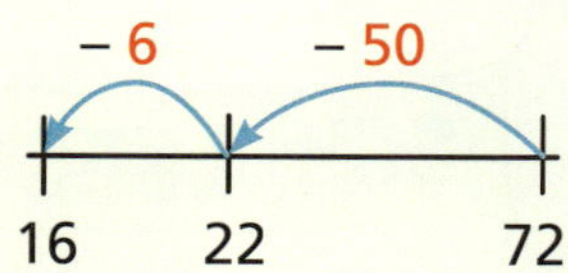

1. 83 – 47 = _____
2. 83 – 54 = _____
3. 83 – 79 = _____
4. 83 – 66 = _____
5. 55 – 29 = _____
6. 55 – 47 = _____
7. 55 – 36 = _____
8. 55 –18 = _____
9. 72 – 56 = _____
10. 72 – 18 = _____
11. 72 – 57 = _____
12. 72 – 49 = _____

Lösung	4	8	15	16	17	19	23	26	29	36	37	54
Feld	21	20	17	22	24	14	13	16	19	23	18	15

Schau auf die Einer.

1. 83 – 23 = ___
2. 64 – 44 = ___
3. 78 – 38 = ___
4. 99 – 19 = ___
5. 86 – 16 = ___
6. 51 – 41 = ___
7. 62 – 32 = ___
8. 54 – 44 = ___
9. 89 – 39 = ___
10. 95 – 25 = ___
11. 86 – 26 = ___
12. 41 – 21 = ___

Lösung	10	20	40	60	70	80
Feld	19	20	23	21	17	22

Lösung	10	20	30	50	60	70
Feld	15	14	13	24	16	18

1. 53 – 28 = ___
2. 82 – 69 = ___
3. 21 – 17 = ___
4. 67 – 49 = ___
5. 56 – 17 = ___
6. 36 – 19 =___
7. 63 – 28 = ___
8. 87 – 29 = ___
9. 47 – 28 = ___
10. 36 – 29 = ___
11. 72 – 44 = ___
12. 83 – 56 = ___

Lösung	4	7	13	17	18	19	25	27	28	35	39	58
Feld	21	15	24	23	19	22	20	17	13	18	16	14

Kannst du die Frage beantworten ohne zu rechnen?

1.	Wie viel Geld kostet eine Portion Pommes?	ja 9	nein 5
2.	Wie viel Geld kosten 10 Törtchen?	ja 3	nein 11
3.	Wann beginnt die Theatervorstellung?	ja 8	nein 7
4.	Wie viel Geld kosten 3 Flaschen Limo?	ja 6	nein 10
5.	Wann beginnt der Gottesdienst?	ja 1	nein 9
6.	Wie lange dauert der Gottesdienst?	ja 5	nein 12
7.	Wie viele Punkte hat Leon geworfen?	ja 10	nein 5
8.	Wann ist die Tombola zu Ende?	ja 3	nein 8

Ist die Information zum Rechnen der folgenden Sachaufgaben wichtig?

9.	Wie ist die Pizza belegt?	ja 3	nein 7
10.	Welche Farbe haben die Pfeile?	ja 8	nein 2
11.	Wie viele Kinder gehen zum Gottesdienst?	ja 9	nein 4
12.	Wie viel Geld hat Martin beim Schulfest dabei?	ja 6	nein 5